27
L. n 1668 f.

NOTICE BIOGRAPHIQUE

SUR

MONSEIGNEUR MONYER DE PRILLY.

NOTICE BIOGRAPHIQUE

SUR

MONSEIGNEUR MOSNYER DE PRILLY

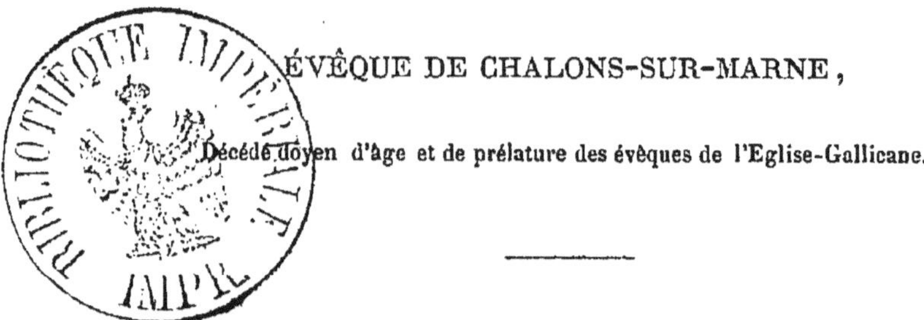

ÉVÊQUE DE CHALONS-SUR-MARNE,

Décédé doyen d'âge et de prélature des évêques de l'Eglise-Gallicane.

———

Lùe le 29 août 1860, à la séance publique de la Société académique
du département de la Marne,

Par M. Jules GARINET.

CHALONS-SUR-MARNE

HENRI LAURENT, IMPRIMEUR DE LA SOCIÉTÉ.

—

1860.

NOTICE BIOGRAPHIQUE

SUR

MONSEIGNEUR MONYER DE PRILLY,

ÉVÊQUE DE CHALONS-SUR-MARNE,

DÉCÉDÉ DOYEN D'AGE ET DE PRÉLATURE DES ÉVÊQUES DE L'ÉGLISE-GALLICANE,

Par M. Jules GARINET.

———

MONSEIGNEUR* ET MESSIEURS,

Un usage aussi ancien que cette Société consacre quelques paroles de bon souvenir aux membres qui en ont fait partie. Pour satisfaire à ce pieux devoir, nous venons, à la suite des autres, rendre hommage à la mémoire d'un saint évêque, recommandable par les hautes vertus du cœur, et les grâces de l'esprit. L'élévation de son caractère nous reporte aux temps apostoliques, à cette époque, où les évêques ne demandaient aux puissances de la terre que la liberté du passage.

La famille Monyer de Prilly, noble et ancienne en Provence,

---

* A Monseigneur l'évêque de Châlons, présent à la séance.

se rattache par ses alliances à de grandes illustrations, et c'est là son moindre mérite. Nous la voyons au service de France depuis plusieurs siècles. En 1768, Antoine-François de Monyer de Prilly, premier consul de la ville d'Avignon, du ressort du Parlement d'Aix, remit cette cité et le Comtat Venaissin au comte de Provence représenté par Louis xv, et lui prêta serment de fidélité.

Marie-Joseph-François Monyer de Prilly est né à Avignon (Vaucluse), le 29 octobre 1775. Le marquis de Prilly, son aïeul paternel, avait été page de Louis xiv. Son père commandait, en France, le régiment de Dragons-Schomberg, royal étranger, dont le duc d'Orléans était propriétaire et premier colonel. Seul officier catholique de ce régiment, le marquis de Prilly remplissait ostensiblement ses devoirs religieux, et il passait dans l'armée pour un excellent officier de cavalerie. Au début de la Révolution française, il avait été promu à un commandement supérieur.

En 1790, la famille de Prilly se composait de cinq enfants issus du mariage du marquis avec la dernière descendante de Nicolas Mignard, habile dessinateur, architecte et peintre. Il était venu s'établir à Avignon, en quittant la ville de Troyes. C'est le frère aîné de Pierre Mignard, surnommé le *Romain*, à cause de son séjour à Rome. En sa qualité de premier peintre de Louis xiv, Pierre a enrichi la France d'une multitude de chefs-d'œuvre, parmi lesquels on admire sa Sainte-Cécile. Sa fille avait épousé le marquis Pas de Feuquière, lieutenant-général des armées du roi. C'est elle qui a servi de modèle pour cette composition. L'évêque de Châlons étant dans l'église Saint-Jean de Troyes, en admiration devant les deux tableaux dont Pierre a doté sa ville natale, dit aux personnes qui l'accompagnaient : « En présence de ces chefs-d'œuvre, il » me semble entrer en communication avec mon grand-

» oncle. » Les portefeuilles des deux frères Mignard ont fait partie du riche héritage de Mgr de Prilly, qui les a aliénés pour venir en aide à des œuvres de charité et de bienfaisance.

La dernière marquise de Prilly, et sa fille aînée, cette religieuse hospitalière qui a servi les pauvres pendant plus d'un demi-siècle, ont été les premières institutrices de Mgr de Prilly. Il lui en est resté une grande estime pour les personnes du sexe qu'il n'avait connues que sous les plus favorables rapports. On l'a depuis souvent entendu dire aux dames qui l'assistaient dans ses œuvres de charité : « Sans vous, Mesdames, il nous serait difficile de bien » faire le bien. »

Son frère aîné, destiné à succéder au titre de son père, devait servir dans l'armée, et lui rester libre de suivre la carrière de l'Église. En sortant de la main des femmes, il reçut à l'âge de dix ans la tonsure cléricale. Pour mieux s'assurer de la vocation de son fils, à l'état ecclésiastique, son père l'envoya commencer ses études au Collége royal civil et militaire de Tournon (Ardèche), anciennement dirigé par les P.P. Jésuites, et ensuite au Collége des Quatre-Nations, à Paris, fondé par le cardinal Mazarin, où il existait des places réservées pour les gentilshommes provençaux. Le jeune de Prilly s'y distingua par l'aménité de son caractère, sa grande piété et ses succès littéraires. Il en sortit, après avoir bien appris ce qu'on y enseignait, parlant et écrivant purement les langues latine, italienne, française et allemande. Il montait à cheval avec grâce, et s'était fait remarquer dans des assauts d'armes.

La levée en masse enleva le jeune de Prilly à sa famille. Il fut incorporé dans un régiment de dragons, à son arrivée à Perpignan. Pendant sa carrière militaire, il a conservé ses habitudes laborieuses, donnant à tous l'exemple de la discipline et de la bravoure sur les champs de bataille, en Espagne, en Italie, en Allemagne. Rencontrait-il une église ouverte sur son passage, il y entrait pour se remettre en présence de Dieu.

En l'an viii (1799), il était toujours simple dragon au 17e régiment. Témoin et acteur à la bataille de Zurich, qui dura plusieurs jours, et qui se termina par une des plus grandes victoires des temps modernes, il la chanta dans une Ode de vingt-quatre strophes de dix vers chacune, ode la plus longue qui ait été écrite dans notre langue. La même pensée ne s'y reproduit pas deux fois. Elle est surtout remarquable par l'inspiration poétique. L'auteur la fit imprimer à Zurich, l'an viii de la République, et la présenta au général en chef Masséna. Nous en citerons quelques strophes, elle débute par celle-ci :

> O champs renommés d'Helvétie,
> Toi compagnon de nos travaux
> Guerrier, l'honneur de ta patrie,
> Et toi Français, peuple héros,
> Salut. Ta marche triomphante,
> Dans cette carrière brillante,
> Fixe les peuples étonnés ;
> Sur les ailes de la Victoire,
> Se répand l'éclat de ta gloire
> Chez tes ennemis consternés.

Les cosaques paraissent devant les lignes de l'armée française :

> On le vit ce peuple barbare
> Du Nord farouche conquérant,
> Et le Cosaque et le Tartare
> Vers nous se répandre en torrent.
> Un succès accrut leur audace ;
> Tout retentit de leur menace ;
> Il nous comparaient, nous Français
> A ces daims, troupe épouvantée

Que le vent, la feuille agitée
Précipitent dans les forêts.

. . . .

Ombres illustres de nos frères,
Martyrs de cette Liberté,
Héros, victimes volontaires
Qu'adopta l'Immortalité ;
Entends-nous famille plaintive,
Si la vengeance fut tardive,
Au moins vous fûtes bien vengés !...
Puisse le sang de l'hécatombe
Apaiser au fond de la tomhe
Vos cœurs, vos mânes outragés !

. . . .

Tout s'est armé ; que de victimes
Couvrent ces champs ensanglantés !
Jusqu'au fond des lointains abîmes
Cent fois leurs cris sont répétés.
Pétri de soufre et de bitume,
L'airain mugit, le fer s'allume,
Dlvise les airs embrasés ;
Tout cède à sa fureur meurtrière,
Au loin dans l'arène guerrière,
Il vole en éclats dispersés.

D'où vient cette horde barbare ?
Que demandent ces cris aigus ?
Quel est ce vêtement bizarre
De guerriers encore inconnus ?
A travers leur âpre rudesse,
Sous les flots d'une barbe épaisse
Se cache un œil étincelant.
Et leur main agite une lance
Qui fléchit, se dresse ou balance
Et semble le jouet du vent.

Troupe vagabonde et sauvage,
Que servent tes horribles cris ?
La fureur n'est pas le courage ;
Nos Français te l'ont bien appris.

Tu nous voyais tous inflexibles,
Au milieu de ces cris horribles
T'opposer d'invincibles rangs ;
Et de tes lances émoussées,
Devant nos colonnes pressées
Expirer les coups chancelants.

. . . .

La foudre se tait ; quel silence
Couvre ces remparts mutilés !
Au loin, dans cette plaine immense
Les airs sont encore ébranlés !...
Tel parmi de vastes campagnes,
Un torrent du haut des montagnes
Se déchaîne en flots écumants ;
Le dernier trait de sa furie
Trop tard, sur la terre flétrie,
Expire en longs mugissements.

Qu'entends-je ?... Quel cri magnanime
Succède à ces sons déchirants !
Quelle pompe sainte et sublime
M'a voilé l'aspect des mourants !
Ceint des attributs de la gloire,
L'Enfant chéri de la Victoire
Conduit le char triomphateur,
Tandis que ses guerriers fidèles,
Couronnés des palmes nouvelles,
Entonnent l'hymne du vainqueur.

Mais quelle est cette foule immense
D'esclaves, d'ennemis vaincus ?
Quel effroi, quel profond silence
Règnent dans leurs rangs confondus !
Naguères l'heur de leur armée
Ou leur antique renommée
Les faisait vanter parmi nous ;
Aujourd'hui, les mains suppliantes,
Je vois ces cohortes tremblantes
Tomber, embrassant nos genoux.

. . . .

Chef sans pitié, guerrier farouche, (*)
Viens, viens contempler tes débris
Des fureurs qu'exhalait ta bouche,
A Zurich tu reçus le prix !
Insensé, qui d'un peuple libre
As cru renverser l'équilibre
Et méconnu la majesté,
Dans l'excès de ton insolence,
Déjà tu parlais de clémence
Aux enfants de la Liberté !

Dieux protecteurs de la Patrie,
Témoins sacrés de nos transports ;
Liberté, Liberté chérie,
Soutiens nos généreux efforts.
Déjà, dans sa course féconde,
L'astre brillant, père du monde,
Dix fois a muri nos moissons,
Dix fois, au sein de nos murailles,
L'airain précurseur des batailles
A rassemblé nos légions.

. . . .

Achève ton sublime ouvrage,
Renverse au loin dans l'univers
Et les tyrans et l'esclavage
Et l'Anglais pirate des mers.
Fais luire ce jour de justice ;
Parle, que ta voix retentisse
Au fond de leurs coupables cœurs ;
O Liberté, sois notre guide.
Nous combattrons sous ton égide,
Toi, mets un terme à leurs fureurs.

Le général Masséna fit venir le dragon Victor de Prilly,
et lui dit : « Je me suis fait représenter, par votre colonel,
» l'état de vos services militaires, et je m'étonne de ne pas

---

(*) Souwarow.

» vous trouver officier ; mais sur mon honnneur, vous le
» serez l'année prochaine. Je vous remercie de ne pas
» m'avoir oublié dans votre Ode. Au revoir. » Masséna tint
sa promesse. A la bataille d'Austerlitz, le capitaine de Prilly
conduisit bravement au feu sa compagnie. Le général Du-
vivier La Coste le désigna , sur le champ de bataille , pour
lui servir de premier aide de camp. Devant lui, commen-
çait à se déployer une brillante perspective, mais déjà aussi
se représentaient à son esprit des souvenirs d'enfance. Il
avait été destiné à l'Église , et il décrit le bonheur de la
servir , dans son élégant poëme de *La Vierge de Frioul ,*
composé à Udine , lorsqu'il y tenait garnison.

A la première entrée des français dans Vienne , il avait
été préservé de la mort comme par miracle. En allant pour
consoler son frère le marquis, gravement malade, il tra-
versa a cheval le Rhône débordé. A son arrivée ce n'était
plus qu'un cadavre. Devenu chef de famille ; sa mère,
ses sœurs ne voyaient que lui pour la relever. Mais à
toutes leurs sollicitations il ne répondait que par son silence. Après avoir donné sa démission d'officier , et pris
congé de son général, il alla au séminaire d'Aix commencer
son cours de théologie, à la fin duquel, sur un démissoire
de Mgr Duperrier , archevêque d'Avignon , qui avait fait
partie de l'Église constitutionnelle comme évêque de Dijon,
il reçut la prêtrise de l'archevêque de Turin.

De retour à Avignon , le nouveau prêtre fonda, dans la
maison paternelle , un séminaire où il cumulait les fonctions de directeur et de professeur de rhétorique. Il est
sorti de cette école des élèves qui aujourd'hui occupent de
hautes fonctions dans l'Église et dans l'État.

Mgr D'Hermopolis, alors ministre des affaires ecclésias-
tiques et de l'Instruction publique, proposa au roi Louis xviii
Mgr de Prilly pour occuper le siége épiscopal de Châlons,

qui venait d'être rétabli, et distrait du diocèse de Reims. Il y fut nommé par ordonnance du 7 avril 1823. L'épiscopat n'a jamais effrayé que les saints. Mgr de Prilly voulut d'abord décliner l'honneur qu'il n'avait pas sollicité, et qu'on lui imposait, mais l'évêque de Viviers à la fin triompha de sa résistance. Après avoir été préconisé à Rome par le Pape Pie VII, le 18 novembre, Mgr de Prilly fut sacré à Paris le 18 janvier 1824, dans la chapelle du séminaire Saint-Sulpice, par l'évêque D'Hermopolis, assisté des évêques de Strasbourg et de Perpignan, en présence d'une députation de prêtres du diocèse de Châlons.

Le quatre-vingt-treizième successeur de saint Memmie, apôtre du pays Châlonnais, et son premier évêque, toucha le sol de sa ville épiscopale le 30 janvier 1824, et en y entrant, il baisa cette terre confiée à sa sollicitude pastorale, en prononçant ces paroles : *Hæc requies mea*, c'est ici que je veux mourir.

Il fit son entrée à Châlons, sous les auspices de la Reine des Anges, et prit possession de son diocèse au milieu des transports de la joie publique.

La tâche imposée au nouvel évêque était immense, il fallait tout créer. La vocation à l'état ecclésiastique était rare. Pour trouver des sujets, un petit séminaire avait été fondé à Châlons, en attendant l'ouverture du grand, provisoirement maintenu à Reims. L'évêque avait été logé dans une maison louée par le département.

Le premier acte de l'administration de Mgr de Prilly fut de continuer dans ses fonctions de premier vicaire-général le sage abbé Becquey, qui l'avait été des évêques de Meaux et de l'archevêque de Reims. Deux fois, M. Becquey avait refusé l'épiscopat. Le second vicaire-général fut M. l'abbé de Gauville. Les chanoines devant composer le Chapitre de l'église Cathédrale ayant été présentés par Mgr de Prilly furent installés de suite ; et sans perdre de temps le prélat visita toutes les paroisses, constatant partout leur état, leurs ressources et leurs besoins. Il prit la mesure générale de n'accorder aucun prêtre aux paroisses dépourvues de presbytère, et de réserver les meilleurs postes pour les prêtres ayant fourni des preuves de leur zèle dans leurs fonctions, et d'une conduite sans reproche.

Dans la prévision du rétablissement de l'évêché, une ordonnance du roi, du 23 juin 1823, avait prescrit la translation de l'École des arts et métiers de Châlons, à Toulouse, et la remise de tous les locaux à l'évêque de Châlons, pour son hôtel épiscopal et son grand séminaire.

Le préfet, M. le vicomte de Jessaint, avait obtenu de Napoléon Ier cet établissement pour la ville, et se trouvait naturellement disposé à appuyer les réclamations du maire et du Conseil municipal qui s'étaient pourvus contre l'ordonnance de translation. Elle privait la localité de son principal établissement, brisait plusieurs existences modestes, et compromettait une multitude d'intérêts privés. Le succès de la réclamation des châlonnais dépendait beaucoup du parti auquel s'arrêterait l'évêque dont le Conseil épiscopal se trouvait fort divisé d'opinions sur cette affaire. C'était, suivant les uns, en ne profitant pas du bénéfice de l'ordonnance, reculer indéfiniment l'établissement de l'évêché et du grand séminaire ; suivant les autres qui formaient la minorité, il valait mieux attendre, pour ne pas faire perdre à l'évêque sa popularité. L'évêque après avoir réuni tous les renseignements fit connaître à son Conseil sa résolution d'unir ses instances à celles du Préfet et du Conseil municipal pour la conservation de l'École des arts et métiers à Châlons. Il partit de suite pour Paris où sa présence acheva de lever les dernières difficultés. L'ordonnance du 28 juin 1823 fut rapportée par celle du 6 juillet 1824. C'est donc principalement à l'ab-négation personnelle de M⁰ᵖ de Prilly, et à sa bienveillante intervention, que la ville de Châlons doit la conservation dans ses murs d'une école, que beaucoup de localités plus importantes que la nôtre lui envient.

Le Conseil général reconnut le bienfait du prélat, en achetant l'ancien couvent de Sainte-Marie pour y placer le grand séminaire. L'Évêque se contenta d'une maison mo-deste, située près de l'église Cathédrale avec laquelle il communiquait facilement en toute saison, le jour comme la nuit.

Le sacre de Charles x approchait; l'évêque avait pensé qu'il y serait convoqué comme pair ecclésiastique et qu'il y porterait l'anneau, conformément aux anciens usages; mais il reçut ses lettres comme les autres évêques provin-ciaux. Charles x ne lui en fit pas moins une très gracieuse réception, dans une audience particulière qu'il lui accorda, et il le félicita sur l'activité qu'il déployait dans son admi-nistration épiscopale.

L'évêque de Châlons avait été à Reims, en pompeux équipage armorié, avec des valets à livrée, pour y soutenir ce qu'il appelait son rang. A son retour à l'évêché, il y trouva le dernier gardien des Frères Mineurs de Châlons, docteur en théologie, humble succursalier de Saint-Jean-sur-Tourbe, le bon père Cachier, qui ouvrait de grands yeux sur ce luxe. L'évêque s'en aperçut et lui demanda ce qu'il pensait. « Monseigneur, lui répondit le P. Cachier, » votre patron, saint François, s'il était au monde, répon-» drait à cette question, qu'en si pompeux appareil, il est » difficile aux évêques de suivre la route qui conduit au » paradis. » La réponse du P. Cachier correspondait à l'intention du prélat de réformer ses équipages et sa livrée, ce qu'il fit, ne voulant plus à l'avenir avoir d'autre luxe que le luxe de la charité.

A cette époque, on parlait beaucoup de Missions en France. L'évêque de Châlons en donna une à ses dépens, à la ville épiscopale. Comme les esprits du plus grand nombre n'étaient pas disposés à accueillir les missionnaires ; ils obtinrent peu de succès. Tout ce qui pouvait rappeler leur souvenir a disparu.

Cette malheureuse mission eut ce triste résultat de fournir des armes contre l'évêque à quelques malveillants qui méconnurent ses intentions

A la révolution de 1830, ce charitable évêque eut la douleur de voir assaillir sa demeure et son grand séminaire par l'émeute. L'opinion publique fut sévère contre les auteurs du désordre. Les poursuites du ministère public ont été suspendues à l'instante prière de l'évêque, qui avait tout vu, tout souffert et tout pardonné. Il tremblait à la pensée d'être exposé à trouver parmi les coupables des ingrats.

Mgr de Prilly ne tarda pas à reconquérir toute sa popularité par la participation qu'il prit à l'œuvre du Comité Polonais créé à Châlons, pour envoyer aux polonais insurgés et qui manquaient de tout, de la charpie, des linges à pansements pour les blessés et de l'argent. Il a été le premier et le principal souscripteur du Comité. Dans sa lettre au président, l'évêque de Châlons s'excuse de ne pouvoir faire plus, mais il met à la disposition de l'œuvre son dernier écu et sa dernière prière. La lettre de Mgr de Prilly fut envoyée avec les premiers secours par le Comité de Châlons au bourgmestre de Varsovie. Le Magistrat municipal donna lecture, aux flambeaux, de la lettre du prélat au peuple convoqué à son de trompe, devant l'hôtel de ville ; et il l'envoya ensuite à l'archevêque de la capitale de la Pologne, qui ordonna de la publier aux prônes de toutes les paroisses, et de réciter des prières nominales pour l'évêque de Châlons et ses charitables diocésains.

A deux reprises, le choléra a sévi dans le diocèse, Mgr de Prilly avec son clergé s'est montré constamment à la hauteur de ses devoirs. Les clercs du grand séminaire ont desservi comme infirmiers les hôpitaux des cholériques. L'évêque les visitait souvent, les exhortant à persister dans leur dévouement pour leurs concitoyens. Plusieurs succombèrent. L'évêque assista au lit de la mort son diacre Henriet, et il lui rendit en personne les derniers devoirs. Il a prononcé sur sa tombe une touchante allocution sur ce triomphe de la charité chrétienne victorieuse de la mort.

L'éloge du dévouement du prélat parvint jusqu'à la cour du roi Louis-Philippe où l'on répétait ses belles paroles adressées à une jeune hospitalière effrayée des ravages du choléra : « Rassurez-vous, chère âme, vous êtes » sous la main de Dieu, soumise à sa sainte volonté. Notre » Seigneur ne vous accorderait-il pas une grande faveur, » s'il vous appelait à lui parée de la couronne des vierges » unie aux palmes du martyre ? »

A Sézanne, l'évêque arriva au milieu des morts et des mourants pour succéder au vénérable curé D'Henzel, victime du fléau.

La décoration de la Légion-d'Honneur vint surprendre le prélat au milieu des actes de sa charité.

Le gouvernement de Louis-Philippe offrit à Mgr de Prilly deux évêchés plus considérables que le sien, et même un archevêché, mais rien ne fut capable de l'enlever à ses chères ouailles. Il se souvenait de deux lettres qu'il avait reçues de sa mère et de sa sœur aînée au commencement de son épiscopat. Sa pieuse mère, la dernière marquise de Prilly, lui écrivait : « Dieu vous a fait évêque, mon fils,

» l'église de Châlons est devenue votre épouse, promet-
» tez-moi de ne la quitter jamais pour une autre église,
» fut-elle plus importante et plus illustre. »

Sa sœur aînée, l'hospitalière, qui a servi les pauvres
pendant cinquante-cinq ans, a la même pensée que sa mère,
et elle l'exprime ainsi : « Mon frère, vous l'êtes bien aima-
» blement pour votre sœur, dans l'ordre de la nature
» comme dans celui de la grâce. Je prie tous les jours,
» pour me consoler de votre absence qui n'est que pas-
» sagère. J'espère que la miséricorde du bon Dieu nous
» réunira un jour dans le ciel, et pour l'éternité. »

Dans la lutte entre le Clergé et l'Université, relative à la
liberté de l'enseignement, Mgr de Prilly intervint vivement,
il réclamait cette liberté. Le Conseil d'État lui répondit
par deux censures qui ne sauvèrent pas le privilége uni-
versitaire. L'évêque de Châlons a vécu assez longtemps
pour voir triompher, dans la loi nouvelle, le principe de
la liberté, sous la haute surveillance de l'État.

L'administration diocésaine avait, avec le temps et la
patience, reçu de notables améliorations. Les édifices con-
sacrés au culte catholique étaient consolidés, les communes
avaient construit ou acheté les presbytères, il y avait peu
de postes vacants, et le diocèse pouvait se passer du service des prêtres étrangers.

L'évêque de Châlons n'élevait au sacerdoce que des
sujets lui offrant des garanties d'instruction et de moralité,
à la suite de longues épreuves. Il présidait aux exercices
préparatoires des ordinands ; chaque année, il réunissait
au grand séminaire dans des retraites les prêtres du diocèse pour entretenir parmi eux l'esprit de leur état, et il
y appelait des prédicateurs distingués.

Dans ses visites pastorales, il paraissait dans les villes
et les campagnes comme un bon père au milieu de ses

enfants. En annonçant la parole de Dieu, il attirait autour de lui les populations, et dans ses sermons, il ne s'assujétissait pas à suivre les règles des rhéteurs. A la solidité de la doctrine, il joignait l'onction et cette simplicité qui a une étonnante ressemblance avec le style de saint Césaire, évêque métropolitain d'Arles, au v⁰ siècle. Quoiqu'il fît paraître un égal intérêt pour toutes les classes de ses diocésains, il aimait à accueillir, dans ses visites pastorales, les vieux soldats et les pauvres veuves.

Mgr de Prilly, en avançant en âge, avançait aussi dans la voie de la perfection chrétienne qui n'a pas de limite. Il se multipliait, pour ainsi dire, afin, disait-il, de n'être pas un serviteur inutile.

Fidèle observateur de la loi de la résidence prescrite aux évêques par les saints Canons, il ne s'absentait de son diocèse que pour le service de Dieu et de son Église, soit pour rendre les derniers devoirs à ses collègues dans l'épiscopat, soit pour conférer les ordres à la demande des chapitres, pendant la vacance des siéges épiscopaux. Il visita, à Rome, les tombeaux des saints Apôtres, et y rendit au successeur de saint Pierre l'obédience filiale. Lorsqu'il fut question de restituer à l'Afrique conquise par les armes de la France les reliques de saint Augustin, évêque d'Hippone, l'un des grands génies de l'Église catholique, l'évêque de Châlons se présenta pour aller à Pavie reconnaître ce précieux dépôt, et lui faire traverser la mer, à la tête de sept Évêques français dont il était le plus ancien dans l'épiscopat. En arrivant à Alger, Mgr de Prilly éprouva une douce émotion en voyant l'armée rendre les honneurs militaires au docteur de la grâce. Il déposa sur l'autel de Saint-Philippe les ossements de saint Augustin, et il en demanda une portion pour son Église de Châlons, qu'il plaça solennellement, à son retour d'Afrique, sur l'autel de saint Etienne, premier martyr.

Autant l'évêque de Châlons recherchait la simplicité pour tout ce qui le concernait, autant aussi il aimait les pompes qui rehaussent l'éclat et la majesté du Culte catholique. C'est à sa générosité que l'église Cathédrale doit, en très grande partie, son ornementation intérieure, et les magnifiques ornements de drap d'or des grandes solennités. Il a fondé à perpétuité et doté la Maîtrise des enfants de chœur, et leur a légué le portrait de son aïeul, en gage d'éternel souvenir. C'est pour l'usage des clercs du grand séminaire qu'il leur a donné Fontenay.

Nous avons vu comment l'évêque de Châlons savait pardonner, nous allons voir comment il savait reconnaître les services qu'on lui avait rendus.

Aussitôt la proclamation de la République, parut le préfet envoyé par elle, Mgr de Prilly le trouva disposé à recevoir favorablement toutes ses réclamations concernant son clergé. Partout il fut aidé et protégé. Lorsque ce préfet quitta ses fonctions, l'évêque vint le remercier et bénir sa famille. Deux ans plus tard, M. Lécureux mourait sur une terre étrangère, dans la communion des Saints. Mgr de Prilly, en ayant été informé, le fit recommander aux prières des fidèles, et donna l'ordre au très regrettable et très regretté prêtre, Jean-Pierre Blion, chanoine de la Cathédrale, de monter à l'autel pour y offrir, à cette intention, le Saint-Sacrifice. L'évêque lui succéda dans ce pieux office, répandant, pour celui que, disait-il, il aimerait toujours, des larmes avec des prières.

Après avoir épuisé toutes les ressources de son riche patrimoine en aumônes et en bonnes œuvres, il ne restait plus à l'évêque de Châlons que le traitement attaché à son titre épiscopal, bien insuffisant pour subvenir aux misères qu'il cherchait à soulager. Ayant appris qu'une famille, autrefois dans l'aisance, était réduite à une grande pauvreté, il fit venir la personne qu'il chargeait ordinairement de ces commissions, pour lui demander si elle avait encore quelque chose à sa disposition, sur la dernière somme qu'il avait déposée entre ses mains, et comme elle lui représentait l'état de répartition, duquel il résultait qu'il n'y avait plus qu'une centaine de francs libres. — Donnez, donnez toujours, lui dit-il, c'est peu, Dieu aura égard à mes bonnes intentions. — Mais, Monseigneur, en épuisant tout, il est à craindre que vous ne laissiez pas de quoi vous faire enterrer. — S'il doit en être ainsi, répliqua l'évêque, ce sera la plus grande grâce que le bon Dieu m'accordera sur la terre. Notre Seigneur a agréé l'offrande du denier d'une pauvre veuve ; et lorsque ce Roi du siècle futur viendra, environné d'une grande majesté, juger les vivants et les morts, le verre d'eau donné en son nom aura sa récompense. — Pour avoir plus à donner aux pauvres, l'évêque s'était réduit au plus strict nécessaire. La nudité de la chambre qu'il occupait à l'évêché rappelait celle de son divin maître dans l'étable de Béthléem. En y entrant, vous voyiez sur une table antique un Crucifix ; sur les bras de la croix, pendait un chapelet béni par le pape Pie VI, prisonnier dans la citadelle de Valence, et envoyé par ce pontife à sa pieuse mère. Près du crucifix, une bible, un volume du bréviaire, et le livre de l'Imitation de Jésus-Christ. A travers les trous d'un paravent délabré, on apercevait une couchette en bois peint, garnie d'une paillasse, et pas toujours d'un matelat, sans rideaux, sans draperies. Trois mauvais siéges complétaient le mobilier de cette chambre rarement chauffée, et seulement pour les visiteurs. La cheminée sans glace, était garnie de deux cadres ; l'un contenait une lettre autographe de saint Vincent-de-Paul, présent de sa sœur l'hospitalière ; l'autre un dessin-portrait *ad vivum* de Henri IV, dernier débris des riches portefeuilles des frères Mignard.

C'est là qu'habitait un vieillard octogénaire se refusant les commodités de la vie qu'il procurait aux autres. Les infirmités étaient venues, sans désoler sa patience. Il les supportait chrétiennement. Plusieurs fois, des coadjuteurs lui avaient été proposés ; quand il fut question de Mgr de Médéah, il se décida à en faire la demande au ministre. Dès qu'il eut signé la lettre, il déposa la plume, et prononça ces paroles : *Hic meta laborum*. Il avait accompli sa tâche.

A son dernier voyage au Camp de Châlons, Mgr de Prilly reçut des mains de l'Empereur la croix d'officier de la Légion-d'Honneur, accompagnée de la médaille de Sainte-Hélène.

L'évêque s'affaiblissait, mais il avait conservé une grande partie de sa mémoire qui était prodigieuse. Son esprit avait besoin d'activité, et il eut la fantaisie de renouveler connaissance avec les deux héros de la Fronde, le grand Condé et le fameux coadjuteur, le cardinal de Retz. Un scrupule l'arrêtait, il fallait faire l'acquisition des livres qu'il ne trouvait pas à la bibliothèque de la ville, et conséquemment diminuer le fonds de ses aumônes. Un de ses diocésains le tira de cet embarras en lui envoyant ces Mémoires, et en mettant toute sa vaste collection d'historiens à sa disposition. Il l'en remercia par une lettre fort curieuse où se trouve un jugement impartial sur la singulière époque de la Fronde.

Le mois de janvier 1860 approchait, c'était celui de son sacre. Le docteur Prin, son médecin, lui avait prescrit un repos absolu. « Docteur, lui disait-il, j'exige de votre » loyauté de m'avertir quand mon heure sera venue. J'ai » tâché de vivre en évêque, c'est en évêque que je dois » mourir. Verrai-je l'anniversaire de mon sacre ? » Comme le docteur paraissait hésiter un peu à lui répondre, l'évê-

que baissa la tête, et en joignant ses mains, leva les yeux vers le ciel, et prononça cette prière : « Qu'elle s'accom-
» plisse au milieu des louanges, et dans sa sanctification
» éternelle, la sainte et aimable volonté de Dieu, en toute
» chose. »

Après s'être recueilli, il demanda les derniers Sacrements de l'Église qu'il reçut avec une piété exemplaire, en présence des clercs du grand séminaire qui ne le quittèrent plus.

Le premier janvier, ses forces l'abandonnèrent ; néanmoins on voyait, au mouvement de ses lèvres, qu'il priait toujours. Lorsqu'il fut arrivé à cet instant solennel qui n'est plus la vie, mais qui n'est pas encore la mort, le soldat de faction à l'évêché se précipita à genoux devant le prélat pour implorer sa bénédiction. Le pontife, médaillé de Sainte-Hélène, parut se ranimer un peu, il posa sa main tremblante sur la tête du soldat, et ce fut sa dernière bénédiction sur la terre.

Les clercs de sa chambre tombèrent à genoux, autour du soldat, et psalmodièrent la prière des morts. Des pauvres femmes, dans la cour de l'évêché, de la clientèle du prélat s'associèrent aux prières de l'Église, et l'une d'elles dans l'exaltation de sa douleur s'écria : *Le Saint est mort, mes enfants, mes pauvres enfants !* et elle repoussait les consolations parce que le bienfaiteur de sa famille n'était plus.

Le lendemain, 2 janvier, le glas funèbre annonçait le trépassement du prélat exposé dans une chapelle ardente, et revêtu des insignes de l'épiscopat. Une multitude de personnes des deux sexes, de tout âge, de toute condition, se succédèrent, pour rendre hommage à leur évêque. Des mères lui présentaient leurs derniers nés ; les soldats faisaient toucher à son corps leurs armes ; les artisans les instruments de leur profession. Les clercs avaient peine à suffire pour approcher de l'anneau du prélat les croix, les chapelets, les médailles, la charpie, les linges à pansements qui arrivaient de tous les points du diocèse, et même des départements du midi de la France.

A la levée du corps du prélat, en présence du cardinal archevêque métropolitain, officiant, et des évêques provinciaux, il fut, conformément à ses intentions, conduit par les rues, le visage découvert, porté par des prêtres. Alors furent révélés des actes de la plus héroïque charité. A son entrée dans l'église Cathédrale, où il repose, son corps a été salué par les marques éclatantes des regrets de la plus vive sympathie.

Dans un siècle où domine l'égoïsme, Mgr de Prilly a été l'homme de tous ; à la vanité pire que l'orgueil, il a opposé la plus parfaite humilité ; à la lèpre de l'avarice, la renonciation à tous les biens de ce monde ; à l'abaissement des caractères, l'élévation du sien.

Chaque jour, s'accomplit en la personne de ce pieux, de ce charitable évêque, la prophétique promesse du psalmiste : « La mémoire du juste ne périra pas, elle n'a rien » à craindre de la calomnie. »

In memoriâ æternâ erit justus, et ab auditione malâ non timebit. Ps. cxi, v. 6.

Châlons-sur-Marne. — Typ. H. Laurent.